BOSQUE DE SUEÑOS

Mariano Henestrosa

Colección ites

BOSQUE DE SUEÑOS

© Textos e ilustraciones de interior y portada:
Mariano Fernández de Henestrosa Cagiga
© de esta edición: Olé Libros, 2024

ISBN: 978-84-10053-58-8
Depósito legal: V-2891-2024
Impreso en España

KALOSINI, S. L.
Grupo editorial olélibros
equipo@olelibros.com
www.olelibros.com

Dedicado, con todo cariño, a Alexandra,

por compartir conmigo sus bosques de tinta.

A través de esos árboles llegué hasta mi propio bosque.

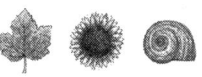

With deep and special thanks to Rheanna,

for bearing with me as I walked through those woods

and embracing the complete alien I became.

INTRODUCCIÓN

OSCURIDAD, PLASTICIDAD Y FUEGO

«El fuego es íntimo y universal. Vive en nuestro corazón. Vive en el cielo. Sube desde las profundidades de la substancia y se ofrece como un amor. Desciende en la materia y se oculta, latente como el odio y la venganza. [...] Brilla en el Paraíso. Abrasa en el infierno. Dulzor y tortura. Cocina y apocalipsis».

GASTON BACHELARD, *PSICOANÁLISIS DEL FUEGO*

Hay un sinfín de motivos para escribir, tan pertinentes y tan arbitrarios como el propio deseo de expresarse y contar cosas. Los momentos de cambio y las encrucijadas vitales son especialmente propicios, por cuanto tienen de crisis y de oportunidad para hacer balance y mirar hacia dentro. Nos ofrecen la posibilidad de explorar espacios previamente ignorados, a menudo temidos y sumidos en una tenebrosa oscuridad, como los bosques de los cuentos.

La sorpresa viene cuando, después de adentrarnos, aclimatados los ojos a esa negrura, comienzan a vislumbrarse todas sus cavidades y sus presencias, meramente latentes hasta entonces, cuyos colores, formas y substancias brindan —además de una nueva perspectiva interna— muchas y abundantes posibilidades plásticas. Terreno fértil para la poesía, cuyo propósito —o uno de ellos— es iluminar, verso a verso, como un fuego, espacios ajenos y extraños que entonces dejan de serlo.

Este libro tiene mucho de todo esto. Los veintidós poemas que componen *Bosque de sueños* trazan un arco cuyo tema principal es la transformación, entendida como un proceso de muerte y renacimiento o una muda de piel que sobreviene como parte de un desarrollo y un crecimiento internos. Un proceso a la vez duro y lírico, similar a la regeneración de un gran bosque —interior en este caso— tras un incendio.

Las ilustraciones que acompañan a cada uno de los poemas proporcionan un punto de anclaje visual y de pausa a lo largo de los distintos momentos y profundidades del proceso; pausas que se prolongan después en los versos sueltos que —a veces como pregunta, a veces como reacción o como respuesta— conectan unos poemas con otros, como pequeños eslabones en una cadena.

To burn.
To be reborn.
Let there be fire.

I

Parece que fue ayer
cuando todavía las calles de otoño
nos sonreían con esa complicidad
de las casualidades felices.

Cuando, en nuestra burbuja
de óxido rojo y azul despintado,
todo seguía siendo posible; incluso perdidos
en la maleza ciega de nuestras almas.

En esa espesura no cabían miserias,
ni cenicientas penas, ni llantos, ni abjuraciones;
y la sangre, la sangre de nuestros mil cortes,
secaba sus lágrimas con fe y entereza.

Caminábamos e incluso corríamos,
sin urgencia, hacia el futuro desierto.
Sin miedo y con entusiasmo de mezcal
al brindar y al sonreír.

Beodos de dolor oculto y de frenesí,
como niños en un colegio de sueños
y porvenir espumoso... Un porvenir triste,
cuyas pompas ya fueron y explotaron.

El mundo se tiñó de ceniza y se cubrió de tristeza.

II

Tristeza de cigarrillos
que se asoma a mis espejos y días,
repetidos y habitados por fantasmas
viejos y afines, cuyas consecuencias
de tela y esparto tienen carne,
ansia, ojos..., sangre.

En ella flotan sueños como flores,
marchitas después de un Día de la Madre:
besos manchados de tinta en la tarjeta que aún
cuelga de ese jarrón lleno de agua turbia,
centímetros por encima de la mesa,
salpicada de semillas y pétalos.

En esa mesa negra se forman pequeños grumos,
pequeñas bolsas de humedad remota, como sacadas
de un camarote de barco, soñado y sumergido en niebla.
Como si en la negrura misma y, quizá, atraídos por ella,
hubieran venido a condensarse eso: sueños...
Sueños oscuros como partículas de mito.

Y sin embargo esta tristeza dulce
tiene poco de sueño y de mito; solo ese instante,
esa elegía leve tranquila que uno podría dedicar
a un puñado de cebollas echadas a perder:
una lástima breve e inconsciente,
digna del ceremonial de una colilla.

Esos sueños persisten: oscuros y desmoronados,
desperdigados en el tiempo... Persisten, negros,
como limo y como sedimento y hasta como humedad,
una humedad evocadora de otros sueños a la espera
de ser interpretados, como posos de café...
Con el riesgo, claro, de ser barridos sin ceremonia
y de un solo golpe, como cenizas.

Pero incluso la tristeza germina.

III

Entonces mi mirada se pierde
y se posa en una planta; una que crece
al otro lado de la estancia, desplegando
hojas nuevas sin esfuerzo ni dificultad,
con elegante y pálida pureza.

Una mirada cosida por agujas,
deshechos los mimbres de su destino;
ese mito habitado por defecto y por exceso:
exceso de confianza, por puro miedo a hacer
todas las preguntas que debí formular.

Como si no saber pudiera cambiar algo...
Como si no saber pudiera alterar esas respuestas
que no eran sino respuestas ya sabidas en el fondo,
pues brillaban ya en el fondo oscuro de la pupila,
blandas como gotas y negras como susurros.

Abigarrado de gotas
endurecidas como el pan,
suspiro hoy palabras viciadas
y llenas de aire yermo y seco, gris
y con ansias finas de lluvia.

De ahí brotan pasiones extrañas y paralelas,
en las que el recuerdo y el dolor se reencuentran
con sus propias sonrisas compasivas, agrias y tristes...
entre un sinfín de árboles hasta ahora invisibles
que, sin previo aviso, ciegan mi paso.

De pronto, todo es bosque... Bosque hasta el final.

IV

Hay finales llenos
de puntos intermedios.
Pausas, puntos y comas,
recesos y recodos...
Momentos.

Momentos que abren panoramas interiores
desde los oscuros salones de la memoria,
tenuemente iluminados con una última sonrisa
o canción, antes de que las hiedras del miedo
lo cubran todo de un olvido amargo.

También están llenos de principios e intuiciones y causas
que explican y repiten desde otros yoes el experimento que vivimos,
oscilando como un péndulo hipnótico de significado a significado,
tejiendo promesas presentes sobre pasados confusos,
convertidos ahora en laberintos felices.

Llenos de vericuetos para perderse, para encontrarse y confundirse con el azul de la nostalgia, eternamente flexible y maleable, eternamente buscada y sentida.

Esa nostalgia ansiosa, ansiosa y de labios en carne viva, bebiendo cuencos de sed inagotable, ansiosa de océanos en cada sorbo... Ansiosa de más sal y de más sed.

Sed de labios rotos con sabor a despedida.

V

Me quedo y te vas:
te alejas en el silencio de un tren solitario,
en este ocaso azul de pájaros y lluvia, lleno
de pensamientos atrapados y horas insoportables;
de volver a no saber quién eres porque, de pronto,
todo es cuestionable y la única certeza
es un ovillo rojo de dudas, un espejo lleno
de culpas y desazones impacientes.

Nos empujan propósitos inconstantes,
guiados por una brújula de nortes inconsistentes,
variables como el viento... Veletas ambos:
tú de tu vida y yo de la mía.

Y trotamos: trotamos
como burros que se creen caballos,
desquiciados y cínicos, en pos de comienzos...
por este rompecabezas de piezas que no encajan.

Qué ansia por reivindicarnos y afirmarnos, ay,
porque afirmarse es existir. Existir, pero cambiando
miedos por verdades piadosas y eufemismos.
Para soportarnos. Para mantenernos enteros.
Más tristes, pero enteros y, desde la tristeza,
más conmovedores.
Más bellos.

Como jarrones rotos y recompuestos,
llenos oro e historias en sus fisuras y grietas:
historias de flores viejas sin fe;
pero con fe en nuevas historias y flores,
en nuevos dramas que afirmen que somos
los mismos seres bellos y rotos
que nos prometimos ser.

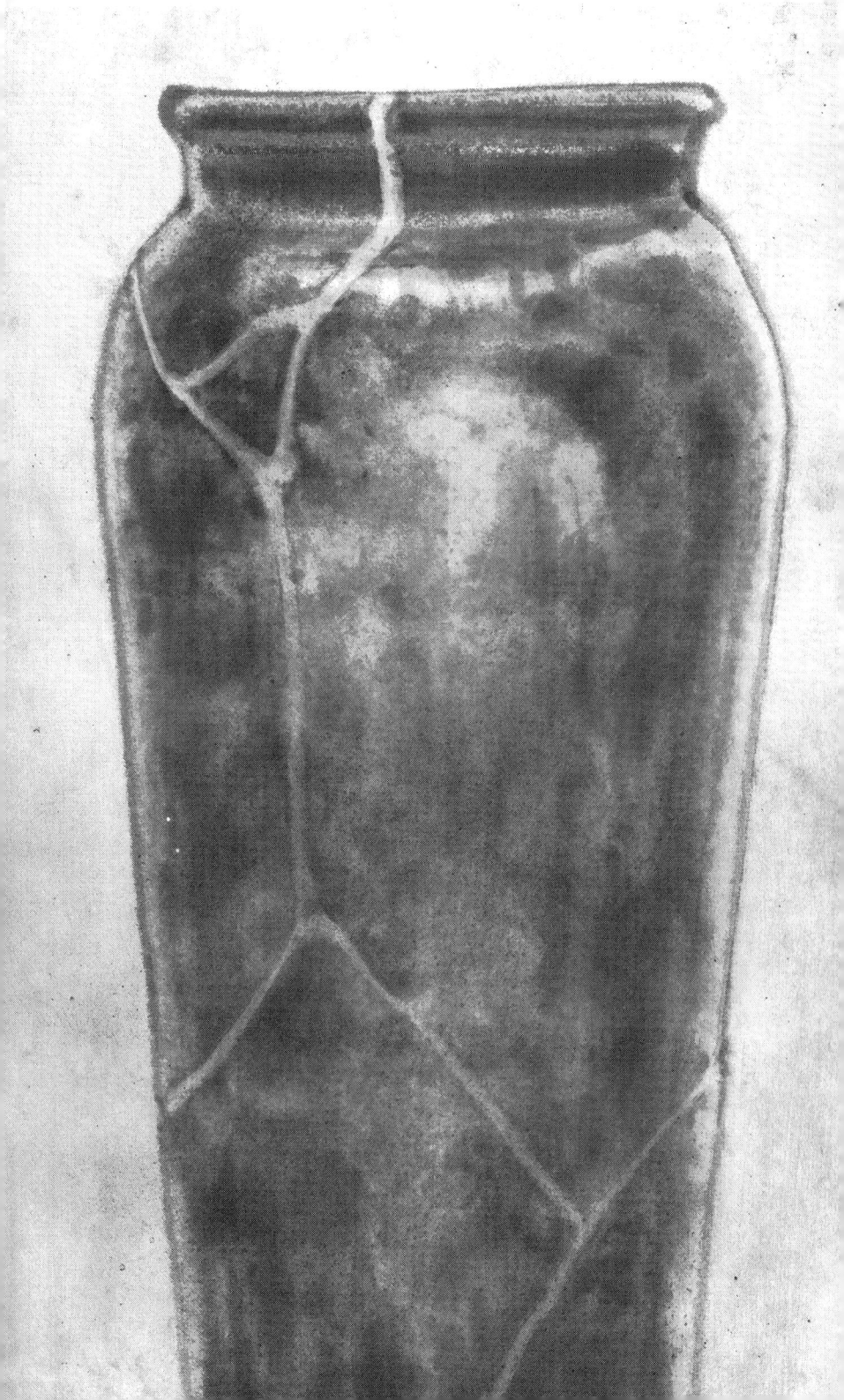

Ánforas llenas de aire y lamentos.
Recuerdos. Pesares.

VI

Pesares de agua
y vinos de noche tibia
para llenar nuestras soledades;
soledades que, paralelas y a vueltas con el silencio,
avanzan en perpetua entropía hacia esa nada huracanada,
ese torbellino de paz al que esperamos llegar.

Llegar a ser. Llegarnos a encontrar.
Llenos de miedo, aturdidos de tiempo,
partidos de esperanza.

Cubiertos de daños certeros e invisibles,
inventados y reales como fotografías trucadas.
Mentiras insistentes, amarillas y rosas y con espinas blandas,
esgrimidas por un espejo embaucador, lleno de voces tristes
y ecos y más ecos de otras veces.

Veces reales como las trampas
de nuestro tiempo discontinuo
y distanciado, descosido, parcheado.

La novedad de lo viejo hecha necesidad,
hecha desazón por pisar el centro de algún escenario,
lleno de lágrimas ácimas, lleno de agravios sin reparar.
Puro fermento de ocasos y grillos, pura memoria sin sal:
momentos dulces y quietos, posados en las pupilas,
súbitamente revueltos y violentamente agitados.

El ruido sordo del tiempo invertido:
remolinos de arena que cuelgan,
bolsas de aire que aprietan.

Mañana ya fue.
Ahora es ayer.

VII

Como conchas de caracol
se deshace el tiempo en espirales,
al hilo de lentas y ya viejas palabras:
amarillentas y llenas de pequeñas manchas,
llenas de grietas y evasivos anhelos
perfectos para una canción.

En el recuerdo de una terraza,
entre sorbos de vermut y aceitunas,
sopla una brisa de álamos y golondrinas,
ríos y tortugas al sol, bancos y besos callejeros
sin tiempo... y horas en la habitación donde siempre
hablaba el silencio lento, tan lento, de la piel.

Temiendo al futuro, ese miedo sin presente,
con devoción y también desesperanza,
colgados ya de la nostalgia y con el abismo
de la vida bajo los pies... Esa vida que separa
nuestros huesos íntimos de mil maneras diferentes
para después reunirlos, pero ya como viejos extraños.

Extraños absolutos que recuerdan que una vez
fueron; quizá; como si se hubieran amado en otra vida;
más dulce e inverosímil, pensada para perderse
en besos cada vez más largos y en pieles
cada vez más mudas. Más y más
y más allá de estas palabras.

Al otro lado del silencio.

VIII

Existe un silencio verde,
alejado de todo por un momento;
separado de las vidas que marcan a fuego
mi vida confusa... Donde intuir en las flores,
en las hojas y el vuelo mágico de los insectos
las pistas concretas de esta soledad: tan mía
en su calma y en sus juegos y risas,
como en su anhelo y nostalgia.

Anhelo por un tiempo menos
interrumpido. Un tiempo claro, nítido,
sin tantos principios y ansias por recomponer
restos de vidas que ya fuimos o quizá seremos...
hasta el próximo tropiezo, claro, la próxima caída
desde lo alto de nuevos sueños y aspiraciones
de papel humedecido y arrugado.

Ese clavo al que nos aferramos a fuego,
desesperadamente buscando coordenadas
por pronunciar en mapas por escribir...
Territorios vedados y destinados a otros:
otras personas, otras vidas, otros sueños prestados
que, a veces, nos permitimos soñar por un momento...
antes de despertar a fuerza de dudas y golpes.

Entonces se tiñe todo de realidad
y se llena la mente de dudas que vapulean al cuerpo,
encogido y ciego, perdidas sus coordenadas y sus asideros
entre libelos que se contradicen y entrecruzan,
con respiraciones entrecortadas por un hipo verde:
desde ahí, con diafragmas aturdidos, a bocanadas
paralelas, tratamos de respirar el pánico.

Pánico de párpados abiertos y cuerpos magullados.
Pánico de principios perdidos desde presentes olvidados.
Pánico por los silencios que queremos
y los susurros que habremos de dejar por el camino.
Pánico a que los sueños sean solo sueños, mas sueños de pánico,
de puro pánico inocente y tierno: infantil y abrumador,
como monstruos dormidos de invierno.

Monstruos diminutos como abejas, recubiertos de deseos.

IX

Cosas, tantas cosas.
Demasiadas y demasiado
insignificantes: ausencias informes
que me hacen sufrir en un agujero
de fantasías y anhelos.

Años y dolores llenos de vida
me acompañan y me recubren, aquejando
y protegiendo el cuerpo en que me escondo
con su manto de alaridos invisibles,
a la espera de cruzar al otro lado.

Al otro lado de pozos enormes
como lagos espesos de hastío doliente,
surcados de asuntos y burbujas ajenas,
borboteando incesante y lentamente
como brea perezosa y lánguida.

Brea añeja en la que el único avance lógico
parece ser hundirse hasta lo más profundo
de cuanto no ha sido todavía: como si
el aire fuera de plomo y lo inevitable
pudiera, por una vez, no ser.

En esa dicotomía de existencias y distancias
nos encontramos. Nos encontramos
y chocamos.

Colisionamos como cometas,
desorientados en el fragor de un vacío luminoso.
Incandescente y lleno de fuego.

Casi nos quema el tiempo, porque aún hay tiempo
para tomar café y hablar, como perfectos desconocidos.
Sin miedo a nada y con todo por delante.

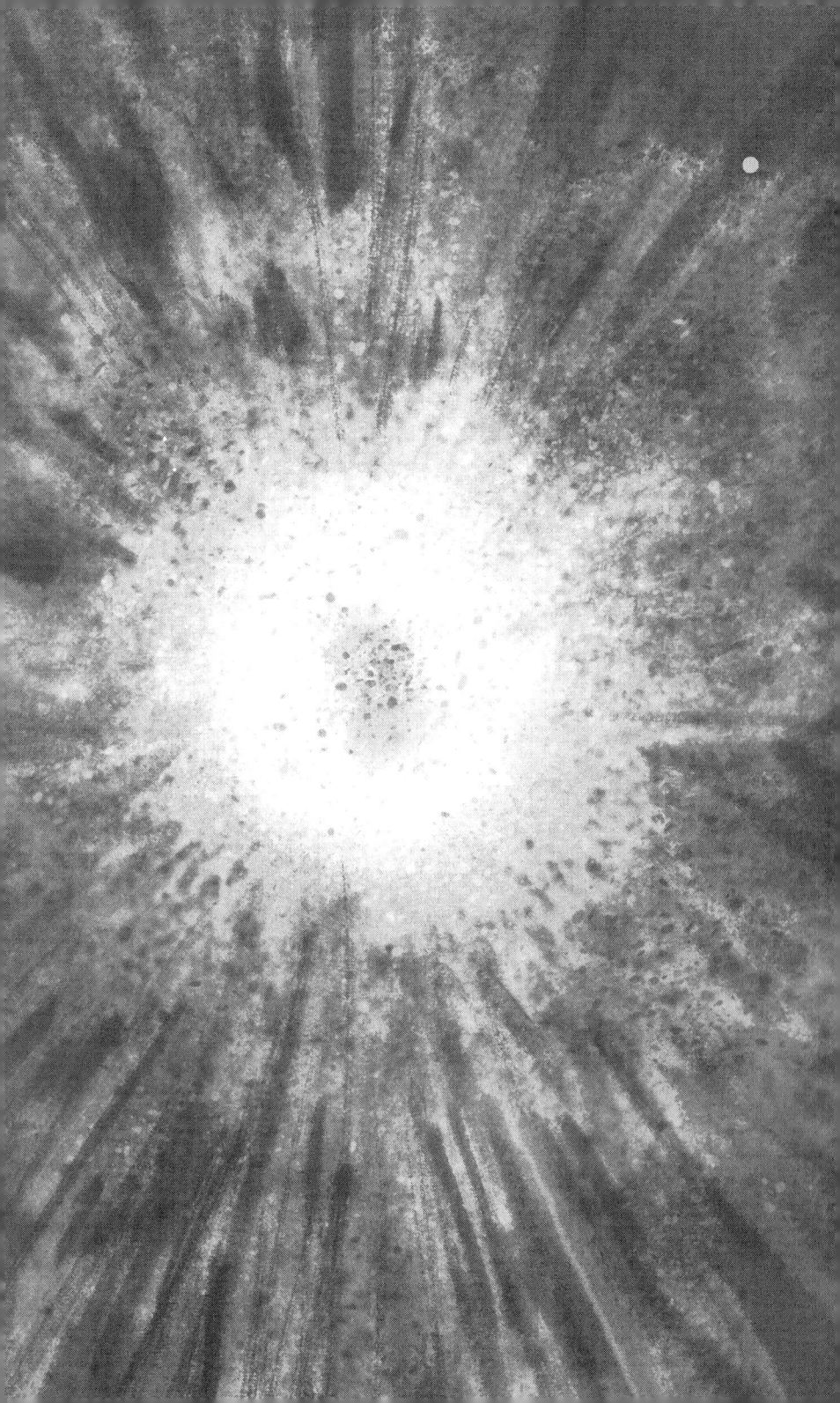

Qué resplandor.
Qué oscuridad.
Qué confusión.

X

No me sale saber
qué es aquello que debí perseguir:
qué; por el simple hecho de que nunca
debí hacerlo... Normas de la casa,
ya se sabe. Nunca debí hacerlo.

Nunca.

Y nunca es nunca, supongo.
Jamás, como jamás podré volver
a esos momentos ignorados
que yacen en el fondo roto
del saco que arrastro.

Sin rumbo.

Porque no hay rumbo cierto posible
sin estrellas para guiarlo, sin constelaciones
que entretejan deseos y necesidades,
igual que no es posible oír aquello
que aún no ha sido pronunciado.
Ese silencio.

Sus palabras se las lleva el miedo
y hasta las esconde, divertido, como un juego,
en las grietas y en los huecos de este ser traicionero
que habito con la sonrisa triste y dura
de quienes lloran sin llorar.

Como un deseo.

Llantos que son gritos que son ojos
llenos de silencio arrogante y tieso,
alimentando mimbres de resentimiento
en la cesta amarilla de mi estómago.
Mimbres y llantos de arena y sal.

Sin forma.

No me sale saber como no me sale llorar.
No me veo porque no me oigo ni me encuentro.
No hay estrellas ni hay palabras. Hay solamente
normas. Siempre normas. Normas de la casa:
promesas olvidadas y rotas de infancia.

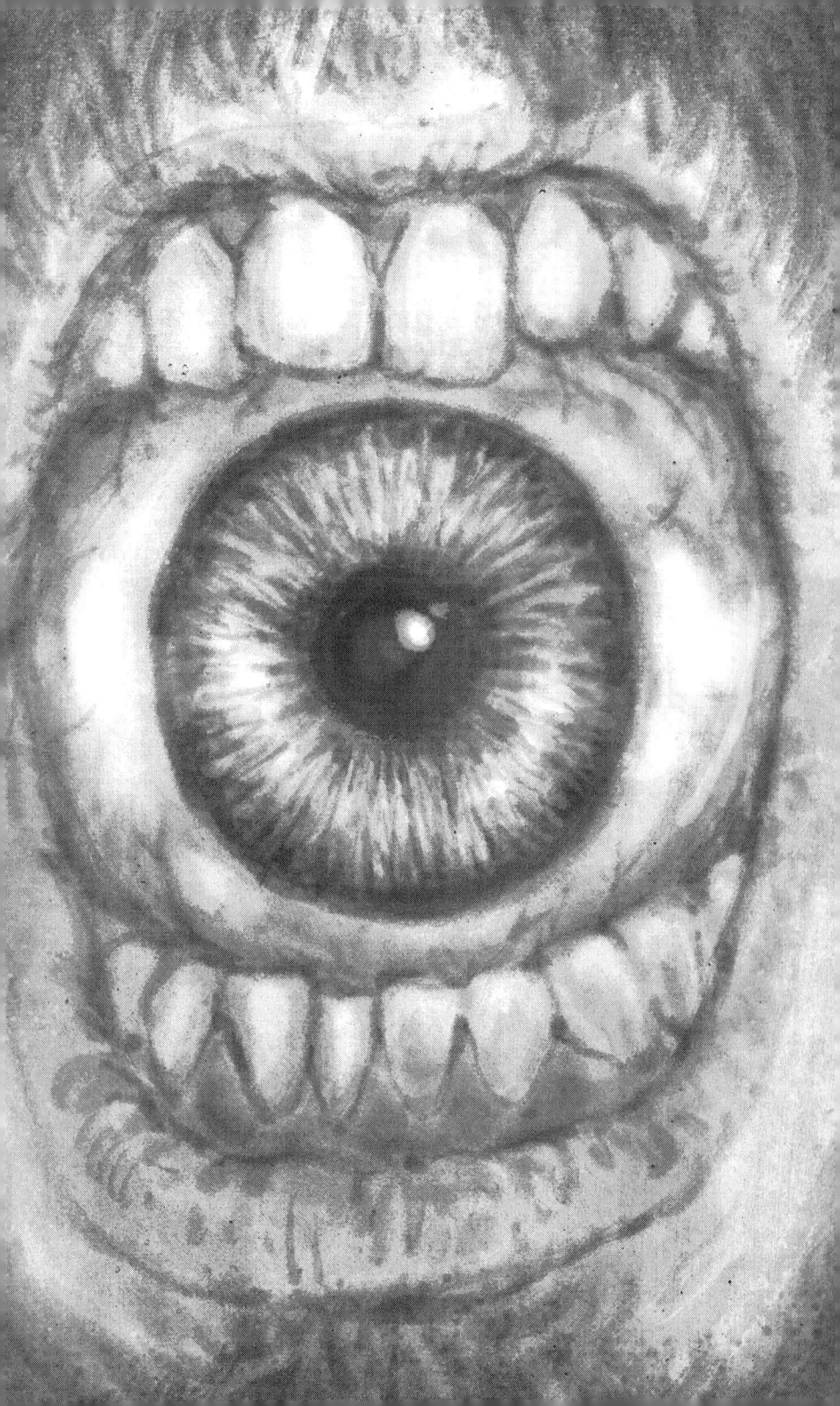

Las melancolías gimen a su manera.
Son muy suyas.

XI

Y en ciertas melancolías
viven verdades pesadas
como puños de hormigón.

Como gotas incandescentes
de plomo arrugado, consumiéndose
en su propia rabia al rojo vivo.

Su rabia de pleno derecho, tan merecedora,
tan llena de ira moral y suspiros tristes
de incomprensión ahogada y casi mafiosa.

Mafiosa en su capacidad de extorsión
y su permanente hipocresía de colores viles,
de bilis y humores descontrolados.

Incapaz de atender a razones, a imágenes posibles
de paz sin venganzas estériles que, el día más gris,
habrán de llegar para destruirlo todo.

A sangre y fuego y cinismo miserable, claro,
como las mismas cenizas que después colmarán
su sumidero triste de mentiras absolutas.

Mentiras. Verdades. Puñetazos.
Puñetazos que noquean.

XII

Así floto como floto,
cruzando días inciertos
hacia cualquier lugar...
con la esperanza de alcanzar
un puerto; pero uno que ya no existe
en esta deriva de puras cosas que me arrastran.

A golpes y dando vueltas, de tumbo en tumbo.

No cosas, sino trozos.
Trozos. Retales. Pedazos informes.
Escombros pesados y de pronto ligeros,
como la memoria de que parecen estar hechos.
Añicos como luciérnagas de oro en la corriente,
esa corriente que se deshilacha.

Revuelta y dando tumbos, golpe tras golpe.

Olas de desazón, remolinos
de entropía negra y luego blanca,
tirando de mí: estirando mi piel,
la piel de mi ser arenoso y blando, ora
hecho y deshecho, ora henchido y
de pronto reventado: ido.

Sí, ido.
Tumbo a tumbo y de golpe.
Sin vuelta.

Todo se disuelve. Menos el miedo.

XIII

Terrores inermes
se desparraman en mi cabeza y,
como castillos de naipes,
comienzan a levantarse de nuevo,
incrédulos y tenaces.

Obstinados en dibujar una cruel y deforme
silueta en el espejo. Una silueta en la cual apareces
constreñida por los mismos secretos sacrificios
a los que yo me someto sin pensarlo, movido
por manos invisibles que mecieron recuerdos ya olvidados.

Pero no son castillos, ni masas sólidas,
sino el líquido sutil y mezclado de las cosas sin nombre
extendiéndose por todos lados hasta cubrirlo todo
con un fino velo de sombra, lleno de agujeros
que toman la forma de tus palabras.

Y esas palabras revelan el artificio de todo ello,
tan ridículo y absurdo como una broma
que ni un niño entendería, sacada
de un mundo abyecto y delirante: ese mundo
en el que hemos vivido sin estar locos.

Pintado con los colores del silencio
que soy, que he llegado a ser,
cuyos jirones inconexos
hoy sostengo entre mis manos.
Las manos de ese yo que no sabía ser:
ese ser desprovisto de palabras.

Siento deseos de nombrarlo todo y
gritar esa oscuridad a los cuatro vientos,
pero sigo sin encontrar esas malditas palabras...
y veo cómo el dolor empieza a sellar, calladamente,
los huecos que dejaban entrar algo de luz.

Una crisálida negra.
Una opaca bendición.
Una bendita parálisis.

XIV

Entre dudas de hierro
y deseos de algodón
navego otra perorata interminable.
Y no será la última de mi mente empañada,
empeñada como está en sus caminos
hacia escenarios perfectamente preferibles,
tan conocidos y tan memorizados
como cuentos felices.

Cuentos para niños llenos de pájaros.

Aquella seguridad suave
de caricias sin rumbo, cuando mis manos
aún merodeaban distraídas por tu piel,
es ahora una angustia atenazante y firme
en las yemas de mis pensamientos,
obcecados en un futuro de perfección inerte:
un futuro en que ya no quede nada por resolver;
tan solamente recordar aquello que fuimos:
eso que ya no es. Eso que somos hoy.

Pájaros migrando sus niños.

Llenos de intriga y miedo
ante la próxima página de esa niñez borrosa,
ya que podría ser la última; podría ser el final,
el final de todos aquellos sueños brutos y vidriosos
que no nos atrevimos a cumplir, mientras cumplimos
años y nos hacemos añicos, jurando y perjurando
que no todo está perdido todavía...
No. No todo, me digo.
No todo.

¿No todo?

XV

¿Qué es lo que queda
cuando se borra el presente?
Cuando la sensación de irrealidad que uno vive
trasciende la certeza de lo ya vivido,
cuyas fibras se abren y deshacen
como esparto mojado.

Queda el pasado, como una losa
pesada e inamovible en su belleza de lo sido,
fijado y sellado como un secreto a voces.

Queda la verdad tozuda de una realidad
que se impone como una manzana caída del árbol,
o como un mazazo en el estómago.

Es fácil tambalearse hacia esa nada
y como si nada, sin saber, sin encarar
lo descarnado de la situación, que no es
sino el pavor hacia lo cotidiano vaciado
de su sustancia y su inocencia.
Es fácil caer.

Hacia una existencia fantasmal de carne y hueso,
hecha presente y disociada de todo origen reconocible,
con facturas que pagar y funciones a las que asistir.

Hacia el aturdimiento y la nostalgia, hacia el dolor
y la esperanza enfermiza que nos cierran los párpados
de pura fe: fe en el más allá de un nuevo día.

Lather. Rinse. Repeat.

XVI

Son bucles,
bucles de día gris
en que todo parece descender
hacia un fondo infinito, delimitado
con musgos negros y paredes imprecisas.

Días en los que el peso
de una torpe ansiedad (con esos huesos
encorsetados, con esa horrible rigidez amarilla
en los músculos y hasta esos jadeos de respiración
entrecortada) me arrastra de sima en sima
y de miedo en miedo...
tropezando hasta el vacío extraño
de las cosas que no son.

Y allí no soy.

Porque dejo de ser,
porque el temor —el temor
hacia aquello mismo que no es—
me empapa... Me empapa y me atormenta.
Las horas pasan bajo el yugo de ese peso,
hasta que, por fin, el miedo húmedo
se vuelve poso, velado por la luz.

Luz que emana de ese charco
de sudores e inseguridades, reflejo
de aquella boca grisácea que, más arriba,
susurra nubes y susurra un cielo: un presente
más allá de la angustia y los ojos vendados
con tormentos opacos... hasta que,
lentamente, se secan..., hasta que,
de pronto, veo un pájaro.

Una salida.

Abajo es arriba.
Adentro es afuera.

XVII

Afuera siguen pasando las páginas
en el paisaje del tiempo, con sus horas
pintadas como hojas de tinta en el papel,
flotando más allá de los árboles
y de cualquier lógica.

Su reflejo oscuro de raíces
se hunde en la profundidad densa del sinsentido
—negro, mineral, más allá de toda luz—
y bebe del fondo sin forma y de la materia misma
de la muerte. Impertérrito. Implacable.

Pero hay mariposas también,
mariposas sobrevolando el vacío; al ritmo lento
con que gusanos y hongos susurran azúcares sin dulzor
desde el subsuelo... alimentando esas hojas,
bañadas por luz que será masticada.

Aquí y allá se posan en las hojas negras;
sus alas tiritan, perezosas, mientras sus cuerpos
cansados desovan futuros inexorables.

Como las rimas del mundo, esas gotas se
evaporan en su viaje hacia delante, más allá
del horizonte cegado con promesas.

Promesas.
Putas promesas.

XVIII

Yo supongo
que, cuando la vida, con su boca
bien llena de dientes, me engulla de nuevo,
recordaré estos momentos suaves y quietos
de terciopelo hinchado, flotando, flotando
en la inmensidad del desconcierto.

Sé que caeré.

Como quien cae —lentamente—
por una garganta húmeda hacia una balsa
azul de deseos inexorables y trágicos,
ardientes e inexpresivos en su dulzura somnolienta,
como nenúfares en una calma negra
de ansiedades por confesar.

Caeré a plomo.

Movido por una fuerza no de gravedad,
sino de indiferencia, convencida y llena de esperanza
sin ilusiones: entregada al *Che sera, sera,*
entre sorbos de vino y miedos eternos
de niño timorato, de niño viejo e incapaz
pero elocuente.

Por poder, podría decirlo todo ese niño
y delatarme como un soplón acusica.
Gritar desde la boca de esa vida y desatar
un volcán de palabras, de tinta encontrada y rota
como una botella amenazante en una pelea de bar
llena de ira y testosterona confusa.

Desde la balsa hundida de esos motivos incansables,
esas tempestades arrolladoras y egoístas, sumida
en la quietud de los suspiros y atrapada
entre los labios y la piel, la saliva y el sudor.
Como un sueño, una pesadilla o una premonición
con estribillo: *Whatever will be*
will be.

Entonces llegaré.
Me verás.

XIX

Al verme después de tanto tiempo,
una burbuja de miedo verde brotó en mi costado;
llena de celos y cobardía ante ese ser visceral,
ese ser que debía permanecer oculto
como las mismas vísceras y huesos
en que se venía escondiendo y camuflando,
escondiendo y camuflando.

Costillas, pulmones, intestinos.
Como si, tras tantos años, debiera haberme vuelto
tan obsoleto e inútil como un bazo. Quién sabe
si es ahí donde, secretamente, he estado.
Agazapado, esperando a ser reabsorbido
como un embrión fantasma
por mi propio cuerpo.

Fantasma porque al verme,
sentado en la silla blanca de ese patio pálido,
no había nadie: tan solo aire moviendo
hojas de magnolio, que caían pesadamente como libros
llenos de añoranza y tristeza y decepción.
O tal vez eran decepción y añoranza y tristeza.
O quizá tristeza y decepción y añoranza.

El orden de aquellos posos se me escapa,
como se me escaparon lágrimas de habitación
cerrada y húmeda. Sentí vértigo de verme de repente,
verme descubierto entre ruinas de desconfianza.
Vértigo de salir a la luz y al mundo y quemarme,
vértigo con ansias de quemarlo todo, todo,
a fuerza de fuego y de esperanza.

Solo pido cerillas.
Cerillas y fuego.

XX

Fuego de lenguas negras
que envuelven todo a su paso, todo,
y, con pulso débil, atenazan, todo aquello
que amarran con cinchas de pánico,
conforme —siempre— a ese yo,
ese yo pequeño e ínfimo
del que se cuelgan.

Que arda.

Crepitan y me abrazan
las llamas de ese fuego desesperado,
ese fuego tóxico e incapaz de valerse por sí mismo:
sumiso y fiel en su deseo infeccioso
por enfermarme para cuidar y nutrir y proteger
mis miedos y mis decepciones
desde la ira.

Que arda.

Ese fuego ridículo,
que, viendo en mi mano las cerillas,
se encogió de resentimiento asustado y ciego.
Con una última mueca torcida, sonríe y me provoca,
se crece y se hincha, entre chasquidos de rabia.
Viejo y orgulloso de su opacidad pegajosa.
Me mira. Busca complicidad.

Arde. Suplica.

Hasta volverse transparente,
consumida su luz calcinada, esa que ocultaba
troncos y ramas, tapizados de azabache y cubiertos
de rescoldos dorados, rescoldos que aún humean,
con urgencia vana y gris, vil y pequeña...
Ay, sí, cada vez más pequeña y más
irrelevante.

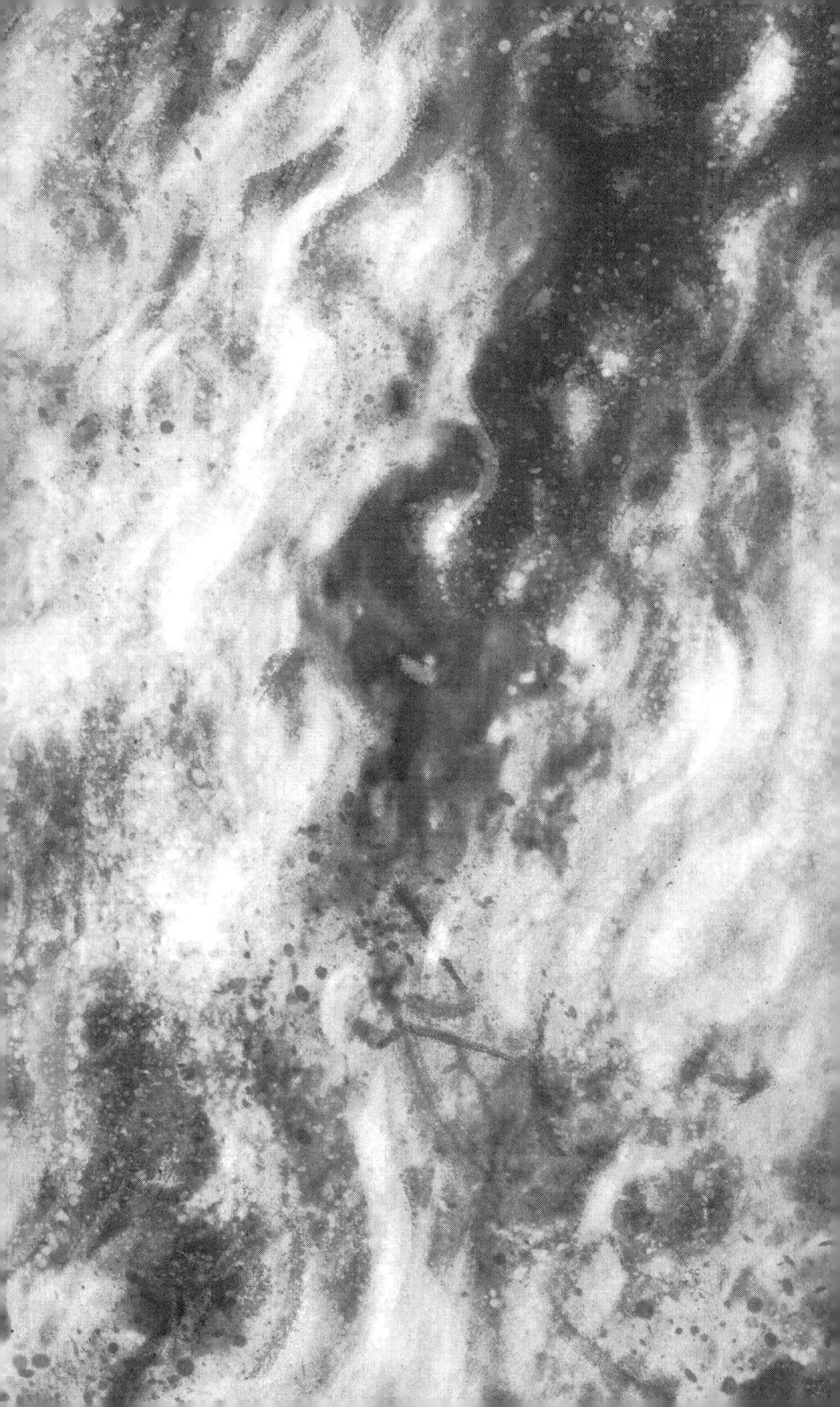

El humo me envuelve, como en un sueño.

XXI

Un humo blanco,
un manto pálido de niebla;
de luz dulce en la mañana que se abre
para revelarme un mundo nuevo y tímido,
que germina como germinan los lirios,
candentes bajo mis pies.

Desde la cuna. Desde el crisol.

Entre humeantes brasas de cristal,
transformadas las arenas negras
a sal y fuego, a sangre y cal.
Sobre las cenizas penden crisálidas,
meciéndose a contraluz desde las ramas.
Gotas de oro caen sobre lo negro.

Llueven pavesas sobre mi piel.

Más allá de las llamas sigue el bosque,
como una capilla de venas entramadas, como vidrieras
diminutas, invitando a ver lo divino de lo pequeño, lo efímero
                                        [y lo ridículo,
tan insignificante como lleno de significado. Renacido,
                                        [reencontrado
en el fondo de estas tripas inquietas, llenas de golondrinas
y pestañas que se abren para mostrarme un camino.

Un camino de vuelta hasta tus ojos.

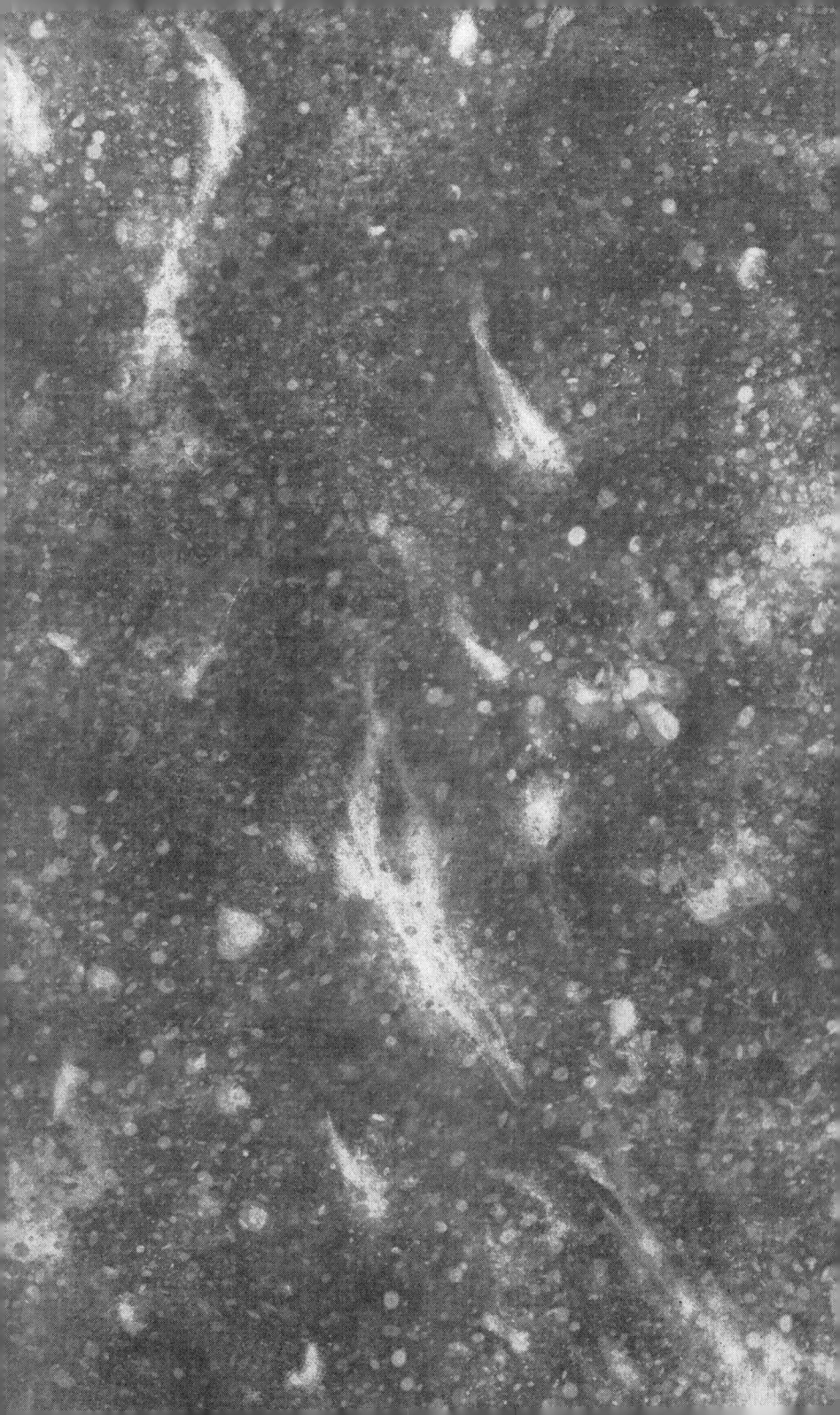

Te veo.

¿Me ves?

XXII

Hay en el pasado
de esta nueva incertidumbre
un amor perezoso... con nuevas tortugas
y ríos de sombra..., sombra y cascadas
de pasos y musgo reseco.

Hay primavera.

Una primavera de agua y libélulas,
una primavera de aire y miel,
con fruta de sombra y hormigas.
Piedra y papel sin tijeras.
Sin juegos. Sin sed.

Hay tiempo.

Con pausas largas para olvidar
y tiempo para fallar y para ser, sin prisa;
sin prisa para levantarse ni para crecer
y seguir caminando hasta el verano
que recordamos sin ver.

Hay calor.

Calor de una nueva esperanza, sin sueño
y con ganas de volver y volver y volver a ser besados
hasta el invierno que será, desde el otoño que fue.
Agua fresca sobre labios pelados que se tocan;
besos de aceitunas y viento sobre la piel.

Porque hay piel.
Piel quemada pero nueva.
Piel de hoy.

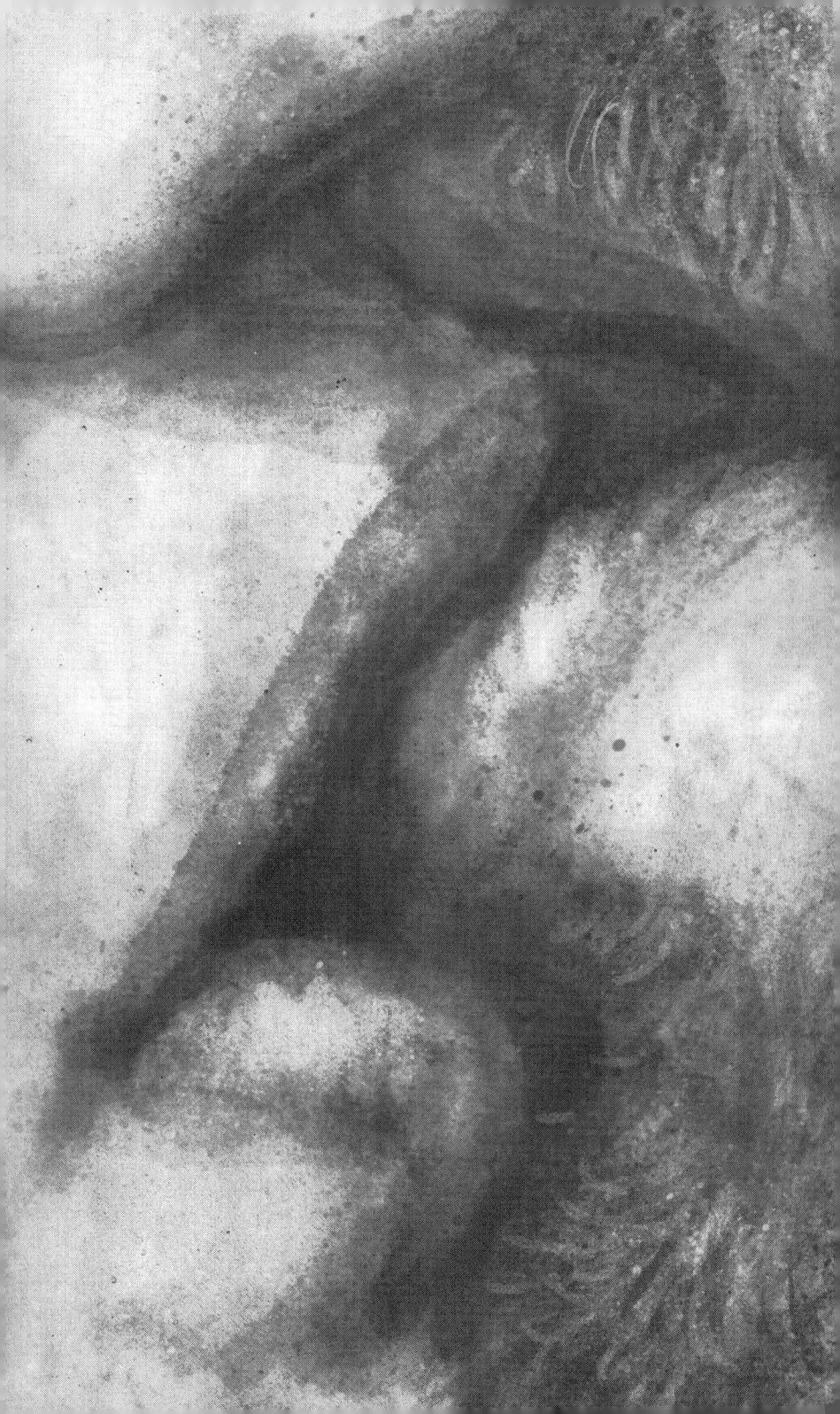

Cenizas frescas.
Semillas nuevas.

Este libro se terminó de escribir
en septiembre de 2023.
Se terminó de editar e ilustrar
en abril de 2024.

ÍNDICE